꽃 피우는 일
멈추지 않으리

꽃 피우는 일 멈추지 않으리

사랑할 때 우리는 늘 꽃을 피웁니다

한주영 시집

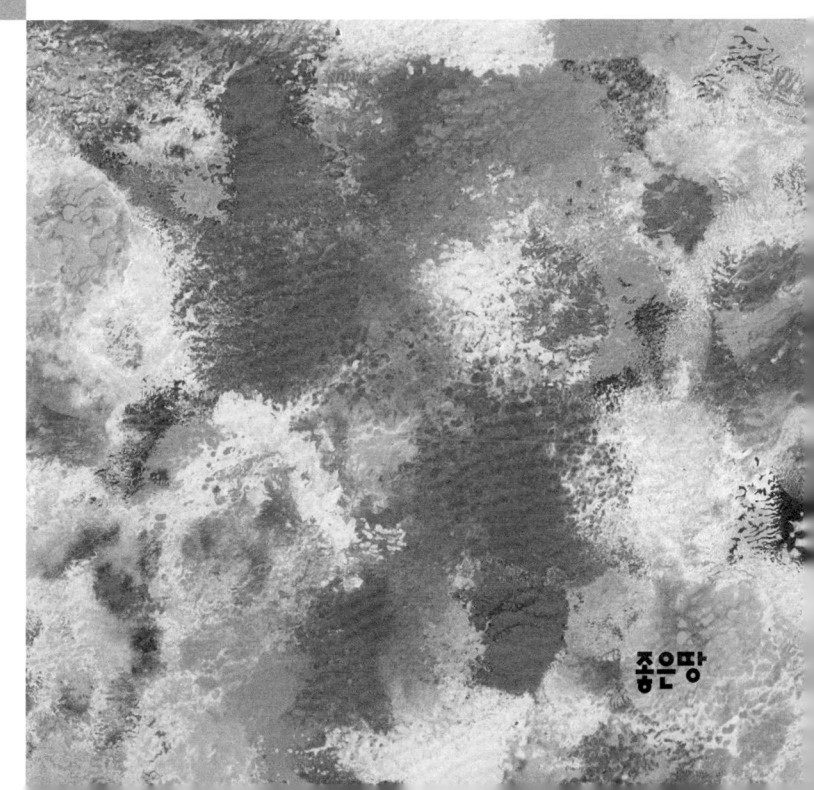

좋은땅

시인의 말

사랑할 때 우리는 늘 꽃을 피웁니다. 꽃이 필 때는 향기가 나고, 꽃이 진 후에는 열매가 남습니다. 사랑하는 일을 멈추지 않는 한, 꽃향기가 나고 열매를 맺는 것임을 되새기며 이 시집을 씁니다.

차례

1부 푸름의 향기를 찾아서

제비꽃	… 14
타인	… 15
벚꽃	… 16
수박	… 18
어머니의 마음	… 19
개망초	… 20
행복이 온다	… 21
진달래꽃	… 22
한 지붕 아래	… 23
봄	… 24
들꽃	… 25
바람	… 26
여보	… 27

알고 있을까	… 28
어느 겨울날	… 29
만남	… 30
대화	… 31
열매	… 32
비행기	… 33
흰머리 뽑기	… 34

2부 기억을 노래하다

그리움	… 36
개나리	… 37
담쟁이의 다짐	… 38
여름 나무	… 40
물	… 41
국화꽃 사랑	… 42
발걸음	… 44
풀꽃	… 45

엄마는	⋯ 46
존재	⋯ 47
우산, 나무	⋯ 48
겨울	⋯ 50
진주 반지	⋯ 51
편지	⋯ 52
남편 1	⋯ 54
남편 2	⋯ 56
남편 3	⋯ 57
남편 4	⋯ 58
남편 5	⋯ 59
사랑하는 너에게	⋯ 60

3부 사랑에 모양이 있다면

목련꽃 피는 날	⋯ 62
구석진 자리에	⋯ 63
식사	⋯ 64

바위	… 65
네가 떠난 자리에	… 66
조용히	… 68
남편과 꽃	… 69
무명(無名)	… 70
너	… 71
박꽃	… 72
코스모스 연가	… 73
명시(名詩)	… 74
선인장	… 76
추위	… 77
엄마의 밤	… 78
움직인다	… 80
남편 자랑	… 82
어머니의 기도	… 83
여행	… 84
사랑은	… 86

4부 **삶의 주인**

그리움의 서사	… 90
겨울 바다	… 91
강아지풀	… 92
8월의 묵상	… 93
나팔꽃	… 94
6월의 기도	… 95
산책할 때마다	… 96
장미 넝쿨	… 97
새	… 98
소낙비	… 99
여름에게	… 100
유리의 집	… 102
장미 한 송이	… 103
종이의 꿈	… 104
찔레꽃	… 106
흐린 날	… 107
해바라기의 노래	… 108

한 해를 보내며	⋯ 110
하늘에	⋯ 111
꽃의 기도	⋯ 112

1부

푸름의 향기를 찾아서

제비꽃

키가 작다고
존재가 작은 건
아니다

경제적 시각에서
벗어나
너를 바라본다면

태양 아래
유일무이한
청초한 보랏빛

꽃잎 다섯 장
바람을 흔들고
봄을 채운다.

타인

겉보기엔 딱딱한 냄비
뚜껑 조심히 열어 보면
동굴 같은 사연 들어 있어
폭포 같은 눈물 쏟아질지 모릅니다

제각각의 사정
과거와 현재와 미래
그 시작과 끝을 알 수 없듯이
삶의 길이를 자로 재지 않겠습니다

살아 있는 동안에
그를 어여쁘게 여기고
그의 눈물을 닦아 줄 손수건
하나 주머니에 넣고 살겠습니다.

벚꽃

만남도 헤어짐도
너는
흰 구름꽃

봄 햇살로 수놓은
새하얀 구름 드레스 너울 쓰고
사뿐히 오더니

떠날 때는
하늘에서 땅으로
흩어지는 꽃비

하얀 꽃잎 방울
점점이 따라가면
그리운 사람 올 것 같은
꽃잎 길

너처럼

헤어짐도 만남도

흰 구름꽃이었으면.

수박

짙은 녹색 양복
검은 넥타이
똑똑 두드리고
속이 쩍 벌어진다

새빨간 물줄기
흐르는 수영장
검정 머리 아이들
신나서 헤엄친다

달콤한 케이크
한 조각 베어 물고
시원한 계곡물
목구멍으로 흘러간다

자연이 준 동심의 선물
푸른 껍데기 빨간 루비.

어머니의 마음

눈을 떠도 보이고
눈을 감아도 보이는
내 아들

지구상에 태어나
나보다 더 소중한
몸과 마음이 있구나

사랑이 지나치면
너에게 독이 될까
사랑하는 마음도 감추고

그리움이 넘쳐나면
너에게 해가 될까
그리워하는 마음도 아끼고

언제 어디서나
부디 강건하게 살기를
기도하며 산다.

개망초

소박한 옷차림
부엌에서 요리하는 얼굴
화려한 화장보다는
노란 앞치마 입고 흰 행주 빨아요

아무것도 내세울 것 없이
들판에 지천으로 피어나는 나를 보면
이 세상 화려함 내려놓고
삶의 수수함도 사랑해 주세요

산책하다 나를 보면
사랑의 물결 속에 발길을 멈춰 주세요
바쁨으로 무심히 스쳐 지나간
이름 없는 아픔을 바라봐 주세요

작고 평범하지만
6월 들판에 핀 꽃이
시가 되어 향기를 품어냅니다.

행복이 온다

햇살이 와서
창가에 서서
화사한 날씨를 볼 때

가을이 와서
하늘을 보고
시원한 바람을 맞을 때

친구가 와서
찻집에 앉아
커피 한 잔을 마실 때

저녁이 와서
식탁에 앉아
따뜻한 밥을 먹을 때

아지랑이 피어오르듯
미소가 퍼지듯
행복이 온다.

진달래꽃

몽글몽글 분홍빛 휴지들
4월 들판
바람에 하늘거립니다

휴지 속 감추어 둔
연분홍 그리움
발그레한 산불로 번졌습니다

세찬 비바람 불어오면
나의 불씨는 땅으로 져 버리겠으나
사랑은 스러지지 않아

새순 어린잎
연둣빛 우체부 되어
그대 가슴에 계속 피어나겠습니다.

한 지붕 아래

엄마가 있는 집은
새들의 둥지인 듯
가족들이 비를 피하고 있다

사과를 깎아달라
단추를 달아달라
소소한 일거리도 많지만

귀찮은 부탁도
정겨운 부탁도
손에 익은 베틀에 걸어
씨실과 날실처럼 엮는다

현미밥 같은 베 한 필
노을 같은 비단 한 필
엄마의 온기로 옷감을 짓는다.

봄

너를 바라보면
벚꽃이 활짝 핀다
그 속에서 웃는 너

너의 웃음 하나면
모든 계절이 봄.

들꽃

우리는
함께 빛나는 은하수
혼자는 뽐낼 수 없어

봄바람 가락에 몸을 맡기고
하늘 높이 손을 들던 날

무심코 짓밟혀 상처 나던 날
빗물에 어수선히 젖어버린 날

다 함께 일어나는 노란 물결
다 함께 소리치는 하얀 깃발

우리는
서로 일으키는 파도
바람에 꿈을 맡겨봐.

바람

바람은 우체부
사랑의 꽃씨를 담아
편지를 배달하나 보다

바람에게
접어 둔 손수건처럼
사랑하는 속마음을 건네주면

바람은
민들레 홀씨의 날개로
그리움을 품고 날아가는지

어느 저녁
반대편에서 누군가
편지를 받고 흔들리나 보다
노을빛으로 물든 바람을 보면.

여보

못 드는 무거운 짐을 들어줘서
고마워요
집에 들어온 벌레를 잡아줘서
고마워요
먼 길 갈 때 운전도 잘해줘서
고마워요

평범한 밥상을 맛있게 먹어줘서
고마워요
고생해서 생활비를 벌어줘서
고마워요
꽃이나 좋아하는 나랑 살아줘서
고마워요.

알고 있을까

'사랑해' 단어는
얼마나 둥글둥글한지
자기는 알고 있을까요

사과처럼 싱그러운 말
낭랑하게 콧노래를 부르며
해 뜨는 모양으로 나갈 때

원을 두 바퀴 그리고
입안에서 뱅그르르 구르며
혀 짧은 소리로 외출할 때

누군가의 가슴에서
보송한 뭉게구름 뜬다는 것
자기는 알고 있을까요.

어느 겨울날

겨울이 추운지 따스한지
잘 모르겠다는
생각을 했다

차갑게 스며드는 바람 속에도
종종걸음으로 뛰어가며
네가 환하게 웃기 때문에

펑펑 내리는 하얀 눈발 속에도
작은 발자국을 만들며
네가 환하게 웃기 때문에

네가 웃는 것을 보면
그렇게 환하게 좋았다
너를 사랑하기 때문에

추운데
따스한
어느 겨울날.

만남

오늘의 만남으로
투명한 이슬 한 방울
햇살을 머금고
내 안에 맺히려 합니다

겨우내 얼어 있던 마음
당신은 조심스레 두드리고
고요히 귀 기울였습니다

함께 눈물 짓고
함께 웃음 짓는
당신의 머리 위에는
어느새 무지개가 걸려 있었습니다

차 한 잔 마시는 사이
사랑이 오고 가고
우리는 하나의 무지개가 되었습니다.

대화

시를 쓰려면
봄에 쓰지 말고 겨울에 쓰라고

헐벗은 몸으로
모진 눈보라 견디며
보이는 것보다
보이지 않는 희망을 노래하라고

어머니 얼굴로
주름 속 지혜를 담아
고통은 세상을 향한 위로가 되고
아픔도 사람을 향한 사랑이 된다고

버티고 살아내
겨울나무가 나직이 속삭인다.

열매

바람이 불어온다
삶의 무게에 짓눌린
누군가의 흐느낌이
바람 타고 묻어오는 게 아닐까
외롭고 추운 이웃의 소리
내 상처에 골몰하며 살아온
헐벗은 목소리가 부끄러운 가을
바람이 스쳐 지나갈 때마다
빨갛게 익은 사과가 흔들린다
나만 아팠던 건 아니다
나만 상처받은 건 아니다
자기를 넘어서 남을 위해
열매를 맺는 사과나무처럼
사랑으로 선다면 풍성하리라
눈물은 세상을 위하여
빛날 때 영원한 열매가 되리라.

비행기

두 살 때는
엄마 뒤만 따라다니더니
열두 살이 되자
엄마 밖 사춘기 아들
늦가을
춥다고 겉옷을 주면
덥다고 반팔 입고 나간다
나는 드론이 되어
하늘로 따라가고 싶었지만
사랑이라는 이름으로 차마 그러지 못했다
비행기를 손에서 날려 보내나
안테나는 온통 수신을 기다린다

끊어지지 않는 탯줄을
붙들고 맨발로 서 있었다
사랑이 아픔 되었다가
아픔이 사랑 되었다가
뒤범벅되었지만 후회 없는 마음
바람은 알고 있을까.

흰머리 뽑기

남편이 흰머리
뽑아달래서
족집게로 세월을 헤아린다

흰머리 가닥가닥
학문적 연구 몇 개
오래된 일터 몇 개
고뇌의 술 기쁨의 술 잔
관리비 생활비 빼곡하게

흰머리 하나하나
사랑하는 사람들
더 많이 편안하게 웃던 시간
더 많이 행복하게 웃던 공간
새처럼 둥지를 틀었구나

노고의 색깔
하얗게 센 세월의 무늬
족집게에 뽑힌다.

2부

기억을 노래하다

그리움

푸른 웃음
걸려 있는 5월의 나무

너의 웃는 소리
너의 웃는 눈빛
너의 웃는 입술

푸른 잎사귀 사이에
초승달처럼 숨었다

나무를 흔들면
툭 떨어질 것 같은 너는

내 마음의 푸른 도장
내 마음의 푸른 지문.

개나리

노란 종소리
딸랑딸랑 흔들며
하늘에서 내려온 별 무더기

사월 봄날
일 년에 한 번
초등학교 동창 모임을 연다

노란 체육복 입고
한 줄로 차례차례 뛰는
봄 운동장 물결

여럿이 손 꼭 잡고
바람에 흔들릴 때마다
웃음이 까르르 터진다.

담쟁이의 다짐

허공을 향해 손 뻗어도
나는 알고 있습니다
무엇을 잡아야 할지
어디로 가야 할지

내게 주어진 사명은
살으라는 것입니다
고속도로 회색빛 방음벽
벽을 감싸고 살으라는 것입니다

소음 속에서도
매연 속에서도
수직으로 아찔하게 뻗은 방음벽
손바닥 체온으로 감싸며 올라갑니다

도시의 차가움을 덮어주는
커다란 녹색 담요
한강 물결처럼 넓게 일렁이며
고속도로 잿빛 눈물을 닦겠습니다

절망은 푸름으로 물들이고
어둠은 끈질기게 감싸고서
생명은 다시 태어날 수 있음을
누군가에게 꼭 말해주겠습니다

허공에 손 뻗어
벽에 푸른 길을 내며
그리운 하늘에 닿는 꿈을 꿉니다.

여름 나무

한여름의 들길에 서 보니
나무는 무더위에도
혼자서 푸른 마음이다

에어컨 한 번 틀지 않고
옷 한 장 벗지 않고
땡볕을 버티는 나무는

키 작은 풀과 곤충에게
천막 같은 그늘 치고
가을에 나눠 줄 열매를 찐다

나보다 남을 사랑하는 나무
여름에도 덥다는 불평 없이
혼자서 푸르기만 하다.

물

삶이 힘겨울수록
맑은 곳으로 흐르자
눈빛이 푸른 하늘을 담고

마음이 어지러울수록
맑은 곳으로 흐르자
숨결이 하얀 구름을 품고

너의 가장 아름다운 꿈을 찾아
너의 가장 깨끗한 사랑을 따라

강물 흐르는 가슴에
빛이 흐르는 별을 안고
더 맑은 곳으로 흘러가자

세찬 비도 묵묵히 내려 맞으며
하얀 눈도 고요히 받아 녹이며
푸른 바다의 품에 닿을 때까지.

국화꽃 사랑

그대를 사랑하는 마음은
국화를 닮고 싶어요

들판과 산꼭대기
강변과 바닷가
그대 곁이면
어디든지 피어나고 싶어요

태양을 보고 자라서인지
순금 같은 진심으로
소박하게 웃는
국화처럼

노을을 보고 잠들어서인지
원색 같은 호흡으로
고운 향기 내는
국화처럼

크레파스처럼 진한 빛깔로
그대만 바라보는 한마음
나는 사랑꽃이 되고 싶어요.

발걸음

올해는 한참을 기다려도
가을의 걸음이 더디다
잎은 단풍으로 꾸미고
바람은 노을로 물들이는
붉은 심장의 가을
거북이처럼 느리게 온다
늦게 돌아온 발걸음
더 반갑고 더 소중해서
천천히 도착했다고
한마디 잔소리 없이
웃음으로 가득 안아 주니
볼까지 물들이며 제자리로 간다
사랑한다면,
기다림이 길다고 나무라지 말 일이다.

풀꽃

오솔길을 걸을 때
청아한 연주 소리
발목 밑에서 올라옵니다

초록 바지에
하얀 블라우스 입고
피리를 연주하는 풀꽃들

잎새를 악기 삼아
바람 따라 가락 짓는
숲속의 즉흥 연주자

바람이 나르는 풀꽃의 음악
귓가에 살며시 들릴 때마다
가슴속 나비가 춤을 춥니다.

엄마는

아들아,
엄마는 대체
무엇을 낳은 걸까

집에
네가 들어올 때 얼굴 보면
세상에 해가 떠오르는 듯해

집에
네가 들어올 때 얼굴 보면
밤하늘에 달이 들어찬 듯해

너의 얼굴이 뜨면
우리집이 환해진단다
엄마는 해와 달을 낳았나 봐.

존재

물을 주며
작은 나무에게 말했었지

늦게 자라는 나무는
있어도
자라지 않는 나무는
없다고

창문을 열며
작은 봉오리에게 속삭였지

늦게 오는 봄은
있어도
오지 않는 봄은
없다고

빛이 머무는 곳에는
언젠가 꽃이 핀단다.

우산, 나무

아버지는 노란 우산처럼
별말씀이 없으셨습니다

어린이날 침대에
인형과 가방을 두고 가실 때도

중학생 딸이 일등을 한
성적표를 출근 가방에 넣고 다니실 때도

딸의 결혼식 앞두고
사소한 걱정으로 잠 못 이루실 때도

아버지는 오래된 나무처럼
별말씀이 없으셨습니다

그 말없는 사랑은

비와 볕을 막았습니다

내 인생의 길에

밝은 등불 켜주었습니다.

겨울

사랑은 난로
온기를 전해주고

사랑은 온돌
추위를 녹여주고

사랑은 불씨
활활 타오르고

사랑은 군밤
함께 나눠 먹고

사랑은 겨울
서로 감싸주고.

진주 반지

시어머니가 주신
달빛을 품은 진주 반지
서랍 속에서 조용히 숨 쉰다

내가 어렸을 적
바다에서 탄생하여
어머니의 넷째 손가락에 있던 반지
이제는 나의 둘째 손가락에 맞는다

어머니의 삶을 보고
나의 삶을 지켜본 진주가
한 번씩 내게 말을 건다

잔소리도 하지 않고
은은한 달빛을 내며 말한다

아가야, 고생이 많구나
아가야, 고생이 많구나.

편지

길을 걷다가
우체국 하나 보았다
예전에는 사람들이
편지도 쓰고 부치고 그랬지

벚꽃처럼 화사한 편지지
연필로 꾹꾹 눌러쓴
사랑한다는 말 있었지

유한한 시간 속에
영원히 잊혀지지 않을 편지
사랑한다는 말

사랑한다
자주 말하자

그 한마디
나비가 꽃잎에 앉듯이
그의 가슴에 팔랑이며 앉을지
모를 일이다

그 한마디
어둠 속 반딧불이처럼
그의 인생을 형광으로 밝힐지
모를 일이다.

남편 1

젊은 날에
당신이 나에게 한 약속
생각날 때가 있어요

그 푸르고 푸른 말들
반지 안에 고이 가두어
세월의 파도 속에서도
기억이 변치 않아요

그 옛날에
당신이 나에게 한 농담
떠오를 때가 있어요

그 귀엽고 귀여운 말들
사진 안에 고이 가두어
시간의 물결 속에서도
추억을 꺼내 보아요

당신이 말하는 모습이
자꾸 생각날 때가 있어요
당신이 웃는 모습이
자꾸 생각날 때가 있어요.

남편 2

아내의 씀씀이는 헤프기에
홍삼 정도로는 성에 차지 않고
하늘 땅 끝까지 생각을 합니다

잠자는 당신에게
붉은 노을을 드리우고 싶습니다
당신이 힘이 날 것 같아서요

쓰러진 당신에게
푸른 바다를 대접하고 싶습니다
당신이 술이 깰 것 같아서요

코 고는 당신에게
하늘의 별을 드리고 싶습니다
당신이 좋은 꿈을 꿀 것 같아서요.

남편 3

당신은 나에게
따뜻한 이불이에요

당신은 나에게
커다란 지붕이에요

당신 덕분에
포근하게 살 수가 있어
아내는 늘 감사합니다

당신이 없으면
우리는 살 수가 없어서
아내는 늘 기도합니다.

남편 4

당신이 미워서
마트에 나와도

장바구니 안에
무엇이 담겼나?

복숭아를 보니
당신을 떠올렸네

갑오징어를 보니
당신을 생각했네

한 바퀴를 돌아도 결국
당신이 좋아하는 것만.

남편 5

남편의 침묵에 낮이나 밤이나
아내의 노래는 안쓰러운 마음

당신이 웃지 않아도
나는 당신의 미소가 되겠어요

당신이 메말라 버려도
나는 당신의 샘이 되겠어요

당신이 말하지 않아도
나는 당신의 사랑을 듣겠어요.

사랑하는 너에게

네가 꽃이라면
나는 너를 찾아온 햇살

네가 구름이라면
나는 너를 감싸는 하늘

네가 태양이라면
나는 너를 그리는 노을

네가 달빛이라면
나는 너를 담아내는 강물

네가 바람이라면
나는 너를 맞이하는 들판.

3부

사랑에 모양이 있다면

목련꽃 피는 날

우윳빛 꽃송이
귀부인의 자태로
오후의 티타임 한다

고개를 우아하게 들고
영국식 앤틱 찻잔에
따뜻한 햇살을 따라 마시는 여인

털이 보송한 겨울 외투
세 번 갈아입고 왔단다
열흘간의 지구별 여행을 위해

겨우내 휴가를 준비하여
꽃봉오리 기차 타고 왔단다
찬란한 봄의 순간을 위해.

구석진 자리에

민들레 한 송이
키 작게 피었네
화단 돌 틈에 고개 내밀며

척박한 땅에 피어난 운명
안쓰러워
한 걸음 가까이 가 보니

황금빛 꽃잎
뜨겁게 노래하는 태양처럼
구석진 모퉁이 자리 빛내네

하얀 궁전의 홀씨
온 세상 포부를 가슴에 품고
바람 한 점과 함께
배시시 미소 나누네.

식사

사랑하는 사람과
함께 먹는 밥에 대한 단상

혼자 있으면
가난하게 먹었을 상차림
너와 나의 웃음 가루
뿌려지기에 식탁에 마법이 걸린다

봄에는 꽃밥
여름에는 얼음밥
가을에는 단풍밥
겨울에는 눈밥

하늘 흐린 도시에
어쩌다 별 뜨는 날에는
기념으로 별밥도 먹으리

별밥 먹고 별반찬도 먹는
행복한 사람들로 기록되겠다.

바위

햇살이 내려와
대화 나눈 것

꽃잎이 날아와
미소 지은 것

참새가 마실 와
노래 부른 것

소소한 기쁨으로
순간을 채운 것

무거운 삶을 버틴
나의 장수 비결.

네가 떠난 자리에

내가 사랑했던 꽃
그 꽃은 지금 어디 갔을까

꽃잎 떨어진 그 자리에
꽃 그림자 남았구나

꽃의 모양
그리는 사람들이 남아 있어
꽃의 향기
모으는 사람들이 남아 있어
꽃의 열매
따는 사람들이 남아 있어

결국
꽃은 별빛처럼
가슴에 남는 것

약속하자
꽃이 지는 것을
서러워하지 말자

꽃은 떠나지 않았고
후대의 땅에서 꽃말을 전한다.

조용히

나무의 미소 짓는 모습
근사하다
봄에는 꽃 피우고
여름에는 그늘 만들며
때로는 비바람에 젖어오던 삶
얼마나 성실히 살아왔을까
가을에는 열매를 달고
땅에 넉넉히 떨구어 주면서
우리가 고마워해도
그것이 당연한 의무인 듯
오늘도 무대에 오르지 않는
무명의 기도자처럼
가을빛 속 그림자가 되어
조용히 웃는다.

남편과 꽃

꽃을 자주 사 왔지만
꽃을 싫어하는 사람

꽃잎은 쉽게 시들어
실용적이지 않다고

감흥 없는 눈빛으로
티비 리모컨을 켜던

꽃에 관심도 없으면서
꽃을 사 온 로맨틱 남편.

무명(無名)

시인의 숫자는
봄날의 벚꽃나무만큼
많을 것이에요

시의 숫자는
그 벚꽃나무에 달린
벚꽃 송이만큼
많을 것이에요

그 많고 많은 나무 중에
그 많고 많은 꽃 중에
나를 바라보아 준
고마운 그대에게

벚꽃 한 송이는
화사한 별빛을 쏘고
은은한 달빛을 쏘겠어요.

너

너의 말하는 모양
얼마나 어여쁜지
넌 잘 모르는 것 같더라

너의 웃는 얼굴
얼마나 귀여운지
넌 잘 모르는 것 같더라

내가 너를
얼마나 사랑하는지
넌 잘 모르는 것 같더라

너는 그냥 그 자리에서
말하고 웃고 살기만 해도
꽃이고 별이고 빛이다.

박꽃

시골집에서 본
백옥같이 하얀 박꽃

커다란 꽃잎 속에
시어머님 얼굴이 들어있었다

낮에는 드러내지 않고
하얀 달이 뜬 밤에
고요히 꽃잎 여는 박꽃처럼

흰 수건 펼치듯 넉넉한 손길로
찾아온 손님에게
아낌없이 꿀 퍼 주는 박꽃처럼

사랑을 위해서는
희생이 몸에 배인 어머니

탐스러운 보석이
지붕에 주렁주렁 열렸다.

코스모스 연가

나는 코스모스 꽃
꽃 이름의 뜻은 우주이니
작은 꽃잎에 하늘을 담습니다

땅에 발을 딛고 서서
하늘로 목 길게 뻗은 나의 사랑

매일의 바람에도 흔들리나
싸늘한 비에도 꺾이지 않아
여린 마음은 접어두렵니다

긴 여름을 조용히 기다려
농익은 가을 햇살이 닿았을 때
꽃잎으로 마침내 피어난 나의 열정

분홍으로 하양으로
송이송이
웃음을 터뜨리고 사랑을 수놓아
부드러운 물빛 하늘에 닿으렵니다.

명시(名詩)

퇴근하는 지하철은
유리창 한가득 고달픈 풍경을 싣고
밤을 향해 달려갑니다

손수 지으신
된장찌개에 밥 한 공기
김치 맛이 그립습니다

철부지 자식 속상한 일에
밖으로 달려갈 듯한 어머니를
만류하던 날이 떠오릅니다

딸자식 받은 상장 한 장
대단한 것처럼 자랑하시던 어머니
쑥스럽게 미소 지은 날이 기억납니다

어떤 순간에도
영원한 나만의
어머니

꽃 한 송이 피우기 위해
기꺼이 나의 땅이 되신
어머니

그 짧은 단어
나의 명시가 되어
마음으로 수없이 불러봅니다.

선인장

작은 선인장
책상 한 켠에 두고 키웠다
온몸은 가시투성이
뾰족뾰족 참 사연 많구나
만만치 않은 세상살이
서로 응원하며 동지처럼 지냈다
때 되면 하얀 선인장 꽃 피운다기에
기다렸지만 꽃소식은커녕
시무룩한 듯
걱정되어 거실 앞 창가에 두고
노란 햇볕 쐬게 해줬다
꽃 피지 않아도 괜찮아
안 예뻐도 괜찮아

가시투성이 속 안쓰러움
너의 파수꾼이야.

추위

강추위가 몰려와
사람들은 방한용품으로
꽁꽁 몸을 감싸고
종종걸음으로 황급히
거리를 떠난다

한파에 움츠러든 심장
겨울의 냉기를 뚫고
사랑하는 사람을 향해
그리운 발걸음을 달려간다

겨울이 되어도
사랑은 얼어붙지 않는다
따스한 햇살은 대지를 감싸고
하얀 눈송이는 씨앗을 덮는다
봄의 시간이 피어나길 기다리며

사랑은 가장 추운 곳에서 가장 따뜻하다.

엄마의 밤

지친 하루의 끝
시계가 멈춘다

흰 파도 부서지며
보드라운 물결이 눈을 덮는다
따스한 온도의 바닷물이
침대로 쏟아진다

일터의 부대낌
소소한 반찬거리
철부지 자식 걱정
바다의 심연으로 가라앉는다

이제 엄마는
진정 사랑이 무엇인지
또다시 캐러 가보련다
바다의 그늘 속으로

진주를 두 손에 담고
꽃이 깨는 아침에 돌아올게.

움직인다

사랑은
첫눈처럼 왔다가
나비처럼 날아간다

겨울 햇빛이 스며든 말 한마디
군밤처럼 다정한 눈빛
고목처럼 진실한 기도
내 손을 잡아주는 도톰한 손 위로
사랑은 첫눈처럼 내린다

사랑은 사라지지 않고
나비가 되어 뱃속에 들어앉았다
내면에서 미소의 날갯짓으로
형형색색 팔랑이다가
봄하늘이 오면
파르르 날아갈 채비를 한다

누군가의 깊은 눈동자로

누군가의 고운 가슴으로

날아가려고 약동의 준비를 한다.

남편 자랑

우리 남편은
내가 만든 음식은
주는 대로 맛있게 먹고
더 달라고 한답니다
판다가 대나무 죽순을 먹듯이
매일 먹는 평범한 반찬을 냠냠
하나도 남김없이 먹고
더 달라고 쳐다본답니다
아내가 솜씨 좋은 요리사이냐?
그것은 전혀 아니고
아내가 무엇을 주어도
어떤 판단이나 요구도 하지 않고
그릇을 깨끗이 싹싹 비우고
흡족하게 배 두드리는 것을 보면
아내가 대단히 좋은 음식을
준다고 생각하는 모양.

어머니의 기도

세상에서 가장 간절한 기도
세상에서 가장 뜨거운 기도
세상에서 가장 애타는 기도
세상에서 가장 끈질긴 기도

눈물은 말라 버릴 듯
마음은 녹아 버릴 듯
무릎은 닳아 버릴 듯
몸은 바닥에 붙어 버릴 듯

눈을 감는 마지막 순간까지.

여행

수시로 울리는 카톡 소리
어지러운 휴대폰 화면
잊어보려고

내 마음은 눈 감고
먼 여행을 떠난다

전화 말고
문자 말고
카톡 말고

구름 흐르는 하늘 되어
햇살 머금은 잎새 되어

꽃향기 담은 바람 되어
눈시울 붉힌 노을 되어

사랑하는 너의
창문 밖에서
똑똑똑.

사랑은

나의 행복보다
당신의 행복을 위해
기도했던 시간

나의 안위보다
당신의 평안을 위해
노력했던 시간

그 시간은
폭포수 같은 기쁨으로
메마른 땅에 굽이굽이 흘렀다

내가 사랑하는 사람
가슴에 맑은 눈물이 고이게 하는
심장에 아픈 기도가 샘솟게 하는

상처를 잊게 하고
살아갈 동력을 주는
나를 사람답게 만드는 사람

한겨울처럼 추운 세상
얼어붙은 심장을 녹이고
봄빛으로 깨어나게 하는 사람.

4부

삶의 주인

그리움의 서사

당신을 기다린다
말하지 않겠습니다
당신은 내 여린 마음 사이
우물처럼 깊이 고여 있기 때문입니다

당신을 생각한다
말하지 않겠습니다
당신은 내 얕은 숨결 속에
하늘처럼 넓게 퍼져 있기 때문입니다

당신을 보고 싶다
말하지 않겠습니다
당신은 내 작은 눈동자 안에
산처럼 커다랗게 차 있기 때문입니다

당신을 사랑한다
말하지 않겠습니다
당신은 내 자잘한 음표 속에
숨길 수 없는 큰 선율이기 때문입니다.

겨울 바다

당신께서 지으신 바다가
풍경이 됩니다
당신께서 지으신 내가
주인공이 됩니다

해변을 고요하게 거닐며
수평선 너머로 당신을 그립니다
무한한 깊이의 눈빛
끝없는 넓이의 품 안

바다의 깊이를 보며
당신의 참으심을 헤아리고
바다의 넓이를 보며
당신의 품으심을 깨닫습니다

감사의 물결이
푸른 산처럼 크게 일렁입니다
사랑의 파도가
하얀 꽃처럼 환하게 밀려옵니다.

강아지풀

당신께서 왼쪽이면
왼쪽으로 가겠습니다

당신께서 오른쪽이면
오른쪽으로 가겠습니다

나의 연두색 꼬리는
당신의 눈빛을 따라
수천만 번 움직이는 걸음

보송한 솜털 속에
알알이 열매가 익는 날까지
사랑의 고개를 숙이겠습니다.

8월의 묵상

여름날 시냇물처럼
가슴속 항상 흘러가는
당신의 사랑은
나를 시원하게 합니다

여름날 나무처럼
커다란 그늘 드리우는
당신의 보호는
나를 쉬어가게 합니다

여름날 바람처럼
지친 마음 어루만지시는
당신의 손길은
나를 행복하게 합니다

당신을 사랑하기 위해
지구상에 태어난 나는
당신께 사랑받고 살기에
무더위 속에서도 웃음꽃 피웁니다.

나팔꽃

초록의 덩굴 속에서
보랏빛 옷 수줍게 입고
기쁜 소식 전하러 나왔어요

선선한 아침 바람에
나팔을 불어요
사랑하는 마음 들리시나요

노을 지는 저녁은
고요히 꽃잎 오므리며
오늘의 나를 반성하는 시간

아침이면 이슬 한 방울 머금고
사랑하는 당신께
다시금 꽃잎을 활짝 펼치겠어요.

6월의 기도

누군가 속절없이 미워질 때
나무와 풀 사이를 서성이며
연두색 바람을 호흡합니다

내 품에 끌어안고 있어봤자
뾰족 가시처럼 아픈 미움을
6월의 바람결에 흘려보냅니다

장미처럼 붉은 피 흘리시며
내 죄 덮고 순결하게 피어나신
당신의 사랑을 떠올립니다

모래알같이 무수한 죄를
한없이 용서받은 죄인입니다
내가 누구를 미워할 수 있을까요

사랑으로 허다한 죄를 덮겠습니다
당신께서 내게 그러하셨듯이
그를 죄 없다 하겠습니다.

산책할 때마다

햇살에 반짝이는
연둣빛 나뭇잎을 보면
만드신 분께
마음도 반짝입니다

바람에 살랑이는
하얀 풀꽃을 보면
만드신 분께
마음도 살랑입니다

하늘에 흘러가는
솜털 같은 구름을 보면
만드신 분께
마음도 흘러갑니다

산책할 때마다
초록빛으로 차오르는 설렘
우리와 함께 계신
당신을 또 마주치기 때문입니다.

장미 넝쿨

부드러운 꽃잎
흔들려도
나는
연약한 꽃이 아니다

사랑한다
사랑한다
쉽게 말하지 않는
깊은 입술

가시의 고통을 품고도
너를 지키리라
헌신의 상처를 넘어서
너를 세우리라

사랑의 무게 견디며
고개를 떨군다
붉은 피 토하며
내 마음 모르는 너를 위해.

새

우리 마음에 새 한 마리씩 산다
영원을 갈망하는 새 한 마리
소망의 나무로 데리고 가달라고
끊임없이 부르짖는 새 한 마리
때로는 재잘재잘 끝도 없이 찬양하는
새 한 마리 산다
소리로 가슴이 시끄럽다
가슴마다 지저귀는 소리 하나
놓치지 않고 들으시는구나
감사함으로 고요한 기도 올린다
매일 꿈꾸며 날아갈 하늘이 있다는 것
얼마나 가슴 벅찬 일인지
떨리는 사랑으로 날갯짓 친다.

소낙비

하늘에서 떨어지는
소낙비를 보며
당신께 닿고 싶은 마음
우수수 시끄럽습니다

나의 마음이
물처럼 투명하여
당신의 음성이
큰 소리로 들릴 수 있다면

나의 마음이
땅처럼 정직하여
당신의 마음을
큰 소리로 받아낼 수 있다면

세차게 내리치는 빗방울
미끌 기리지 않고
당신과 하나가 되고 싶은
나의 그리움과 같습니다.

여름에게

여름은
복잡함을 버리고
한없이 뜨겁기를 선택한다

사랑하는 것도 아닌
사랑하지 않는 것도 아닌
미지근함은 싫어

어려운 말은 하지 않고
알아듣기 쉬운 말로
한 가지 마음만 그린다

푸른 여름이여
바다 앞으로 나를 데려다주렴
푸르게 바닷물을 덮어쓰고
시퍼런 사랑을 담고 싶다

금빛 여름이여
태양 속에 날 가두어두렴
불처럼 뛰어들어
임 향한 빛으로 타오르고 싶다.

유리의 집

그분 앞에 서면
마음은 유리의 집

내가 사랑한다 쓰면
책처럼 또박또박 크게 읽으시고
내가 미워한다 쓰면
매캐하고 더러운 연기를 보신다

어떤 것도 숨길 수 없다
그분 앞에 서면
아침 세수를 하기 전
마음을 씻어야 한다

풀잎은 이슬로 마음을 씻듯
꽃은 바람으로 마음을 씻듯
빛으로 마음을 씻어야 한다

그분 앞에 서면
마음은 유리의 집.

장미 한 송이

가시로 마음 찔린 날에도
진한 향기 내뿜고 싶었다
새빨갛게 고백하고 싶었다

꽃잎 한 장도
귀하게 존중하시는 분
잎새 한 장도
하찮게 여기지 않으시는 분

하늘 아래 의지할 것은
오직 당신뿐
땅 위에 본받을 것은
더욱 당신뿐

수줍게 노래 부르는
나에게
빨간 등불 켜주셨다.

종이의 꿈

당신을 알면 알수록
나의 구겨진 마음은
점점 펴지기 시작했습니다

어두운 얼룩 조각이라도
새하얀 눈처럼 깨끗이 지우시는
당신의 놀라운 솜씨는
사랑

흐릿한 눈물 자국까지도
반짝이는 유리처럼 맑게 닦으시는
당신의 놀라운 손길은
사랑

그 사랑 안에서
나는 더 이상 폐지가 아닙니다
기지개를 켜듯 가슴을 활짝 폅니다

이제 나의 빈방
당신의 빛으로 채우려고
공간을 온전히 내어드립니다

누구도 구길 수 없는
빛나는 지평선으로 펼쳐져
당신의 글씨를 적겠습니다.

찔레꽃

속으로 삼킨 눈물의 덤불
아프지 않다면 거짓말
가시의 희망은 흰 꽃이다

아픔의 잔가시 인내하며
가느다란 노랑 꽃술
힘껏 내민다

하얀 꽃잎으로
머리에 면류관 쓸 그날까지
찔레꽃 한 무더기
꽃향기 가득 풍길 그때까지

하늘만 바라보며
견디어 낼 수 있는 시간
마음에 엉킨 서러움은
이제 용서하련다

나의 머리는 순백의 꽃이기에.

흐린 날

추적추적
겨울비 내린다
비 그치고 무지개 비치듯
이 슬픔도 끝이 있겠지
연약하여 아픈 날에도
은혜는 눈물의 진주로
투명하게 반짝이더라
세상 끝날 때까지 함께하겠다는 약속
칠흑 속의 별처럼
쓰러진 나를 매번 일으키고
겨울밤 은하수처럼
멈추지 않는 노래가 되어
가슴속을 흘러가더라.

해바라기의 노래

당신의 형상으로 태어나
당신을 닮아가는 꿈을 꾸는
나는

당신을 바라볼 수 있어서
세상에서 가장 행복한 꽃입니다

아침에 눈뜰 때 허무하고
밤에 잠들 때 외롭던 시간
나를 떠나갔습니다

매일 빛 속에서 눈 뜨고
매일 빛 속에서 눈 감는
나는

당신을 사랑할 수 있어서
세상에서 가장 아름다운 꽃입니다

열매를 기다리며

언제나 해의 노래를 하겠습니다

언제나 빛의 기도를 하겠습니다.

한 해를 보내며

크고 작은 고난의 파도를
타고 넘으며
올 한 해도 무사히
살게 해주셨지요

찬란하고 아름다운 세상을
보고 느끼며
올 한 해도 감사히
살게 해주셨지요

인생이란
눈에 보이지 않는 선물을
하늘로부터 매일 받는다는 것
알게 해주셨지요.

하늘에

나의 소망은
겨울밤 마른 하늘에
고아한 별처럼 걸려 있습니다

바람이 불어오고
눈서리가 내려도
꺼지지 않는 영원한 빛

아무도 닿지 못하는 곳에
천상의 소망으로 빛나는
나의 별이 밤을 수놓고 있습니다

발걸음은 땅을 밟아도
나의 시선은 하늘에 있어
보석을 눈망울에 가득 담습니다.

꽃의 기도

새벽에 움츠러든 것을 회개합니다
따스한 햇살을 주서서 감사합니다
꽃잎으로 당신께 영광을 돌립니다

지는 것을 서글퍼하지 않겠습니다
떠날 날을 겸손히 기억하겠습니다
아름다운 열매 맺도록 도와주세요.

꽃 피우는 일
멈추지 않으리

ⓒ 한주영, 2025

초판 1쇄 발행 2025년 6월 26일

지은이	한주영
펴낸이	이기봉
편집	좋은땅 편집팀
펴낸곳	도서출판 좋은땅
주소	서울특별시 마포구 양화로12길 26 지월드빌딩 (서교동 395-7)
전화	02)374-8616~7
팩스	02)374-8614
이메일	gworldbook@naver.com
홈페이지	www.g-world.co.kr

ISBN 979-11-388-4409-3 (03810)

- 가격은 뒤표지에 있습니다.
- 이 책은 저작권법에 의하여 보호를 받는 저작물이므로 무단 전재와 복제를 금합니다.
- 파본은 구입하신 서점에서 교환해 드립니다.